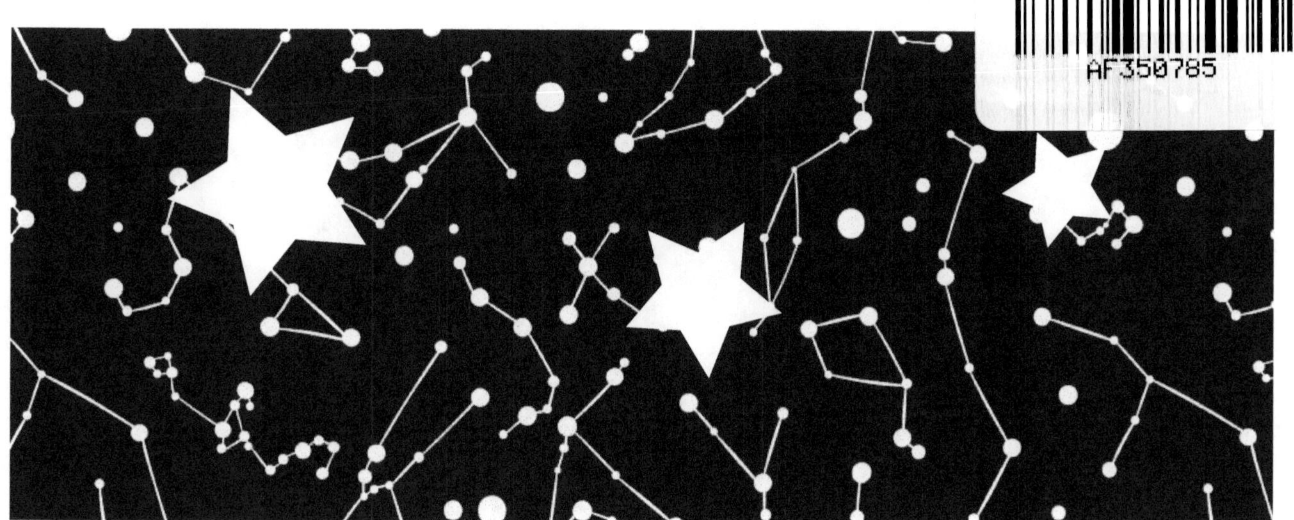

50 IMAGES D'ASTROLOGIE

Ce livre de coloriage appartient à :

____

____

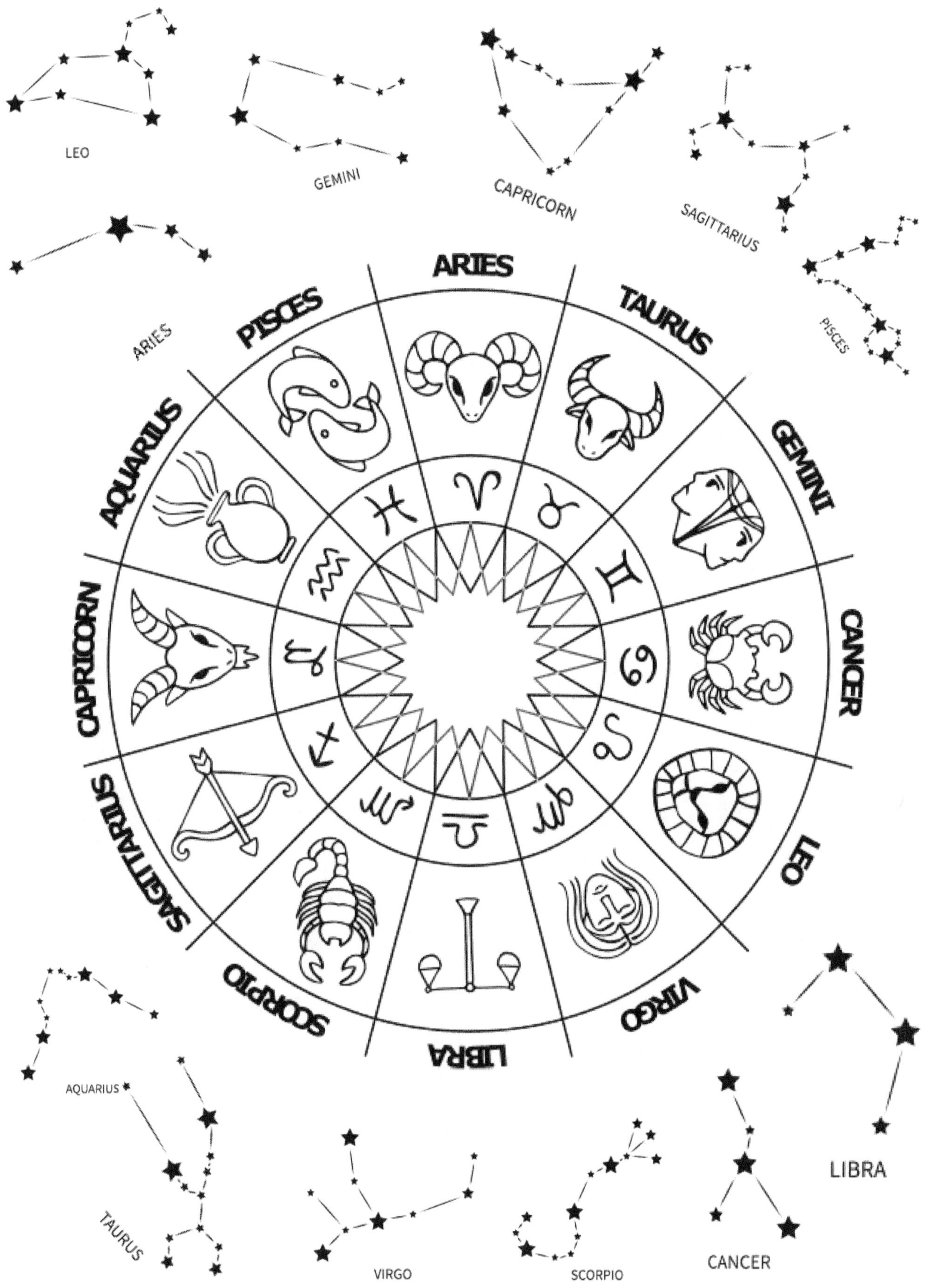

LEO
GEMINI
CAPRICORN
SAGITTARIUS
PISCES
ARIES
PISCES
ARIES
TAURUS
AQUARIUS
GEMINI
CAPRICORN
CANCER
SAGITTARIUS
LEO
SCORPIO
VIRGO
LIBRA
AQUARIUS
TAURUS
VIRGO
SCORPIO
LIBRA
CANCER

VERSEAU

21 Janvier - 18 Février

POISSONS

19 Février - 20 Mars

BÉLIER

21 Mars - 20 Avril

TAUREAU

21 Avril - 20 Mai

GÉMEAUX

21 Mai - 21 Juin

CANCER

22 Juin - 22 Juillet

LION

23 Juillet - 22 Août

VIERGE

23 Août - 22 Septembre

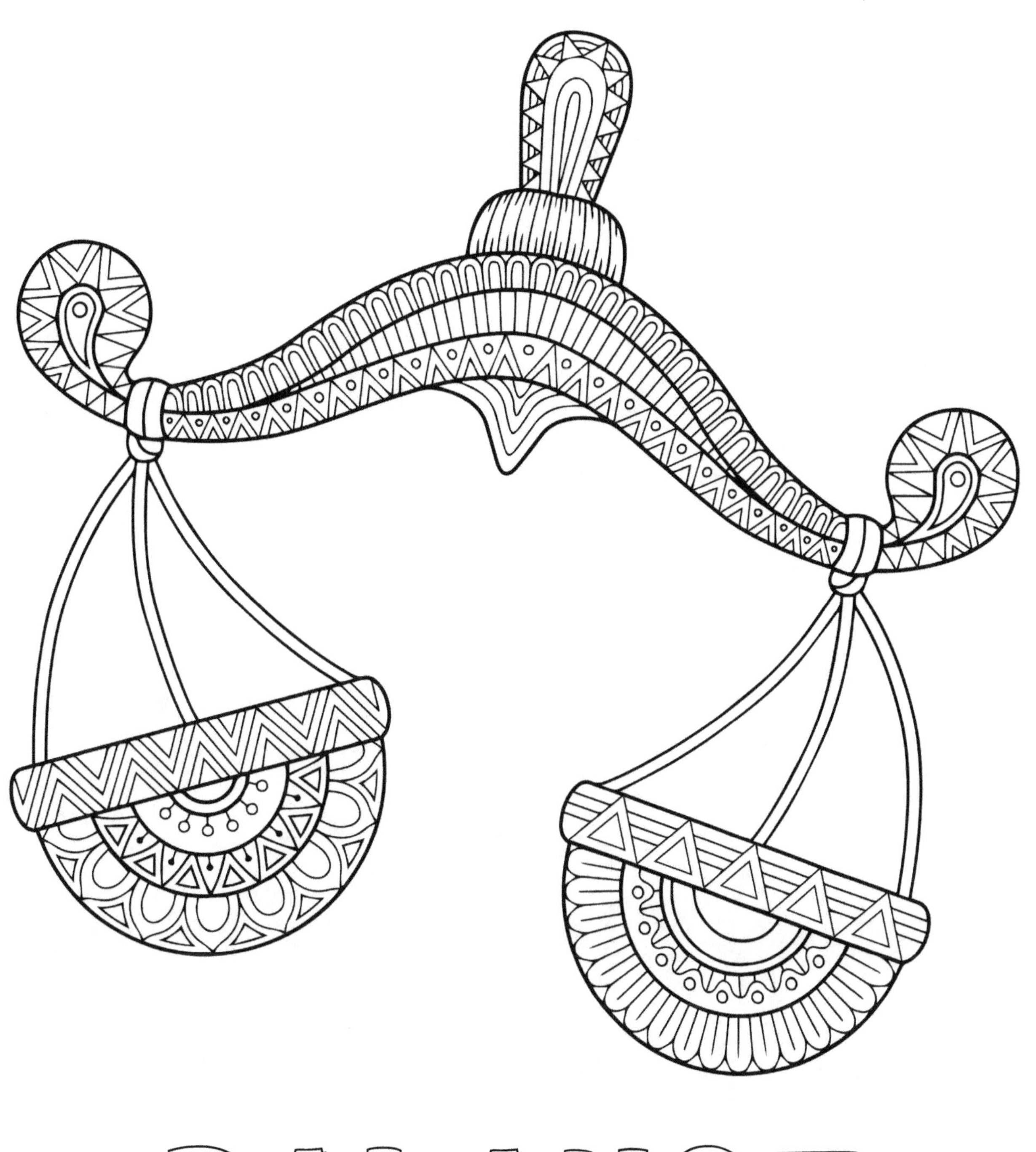

BALANCE

23 Septembre - 22 Octobre

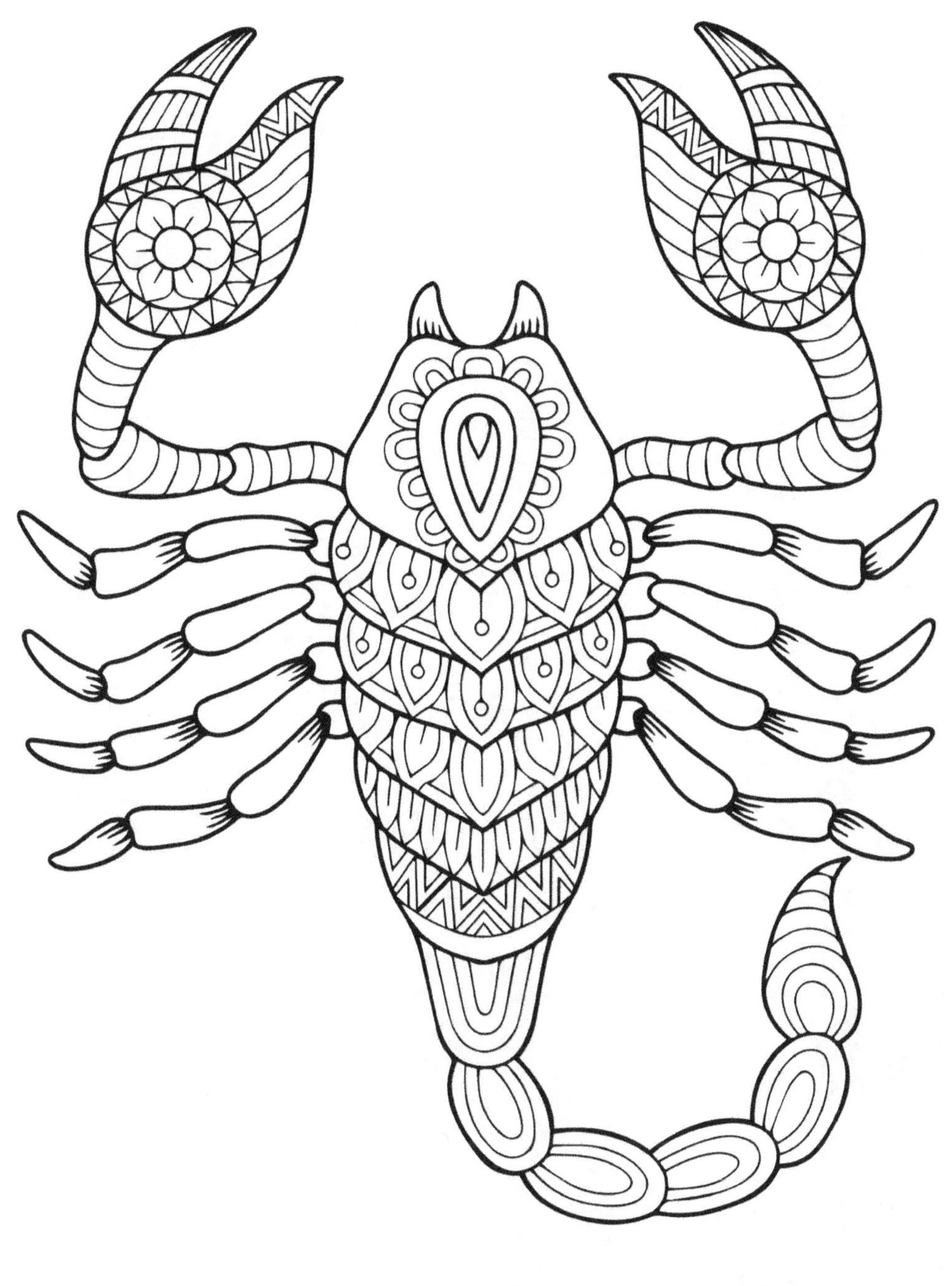

SCORPION

23 Octobre - 22 Novembre

SAGITTAIRE

23 Novembre - 21 Décembre

CAPRICORNE

22 Décembre - 20 Janvier

TAURUS
VIRGO
AQUARIUS
LEO
SCORPIO
CANCER
GEMINI
CAPRICORN
PISCES
ARIES
SAGITTARIUS
LIBRA

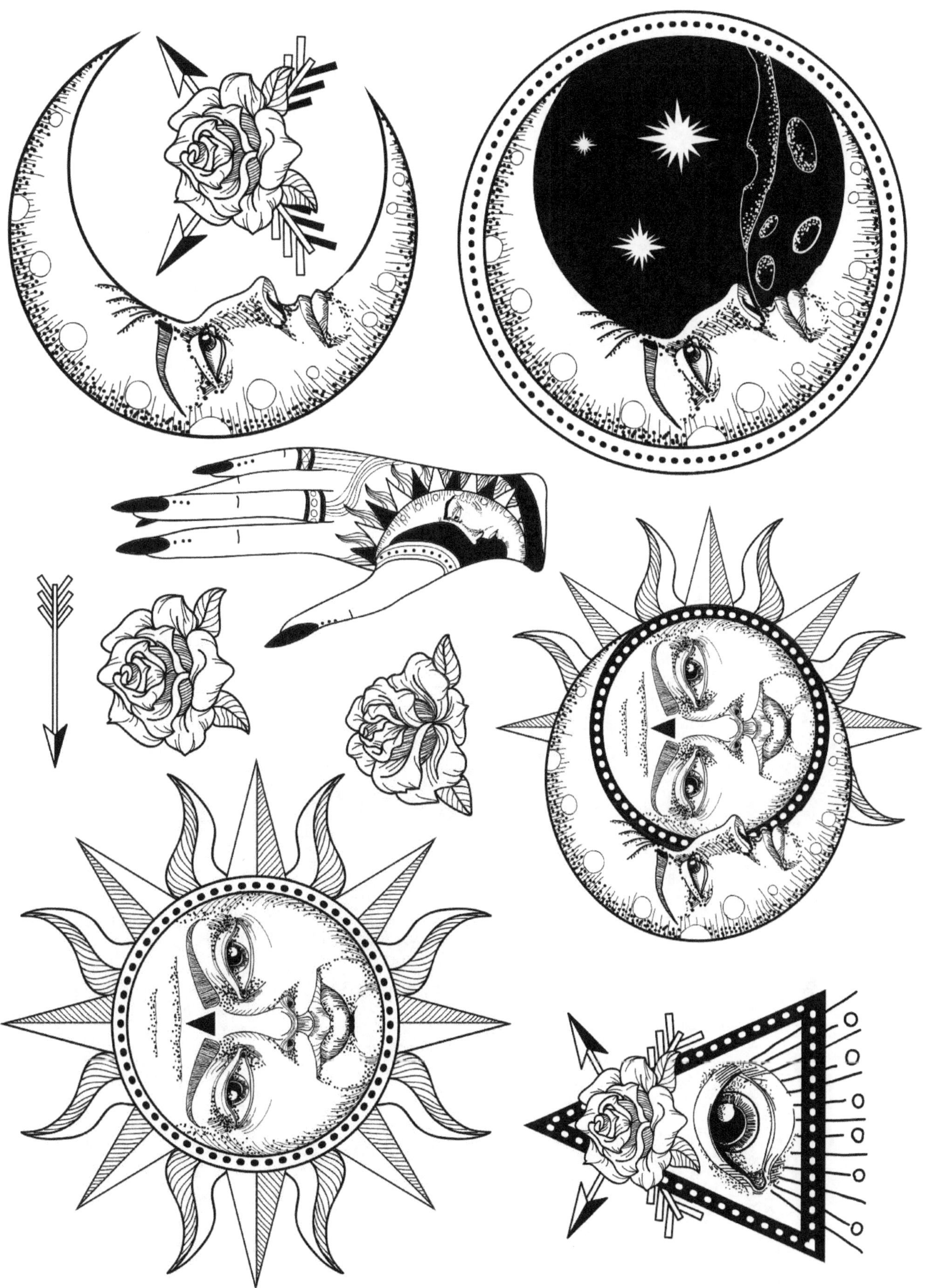

AQUARIUS

CANCER

LEO

LIBRA

SCORPIO

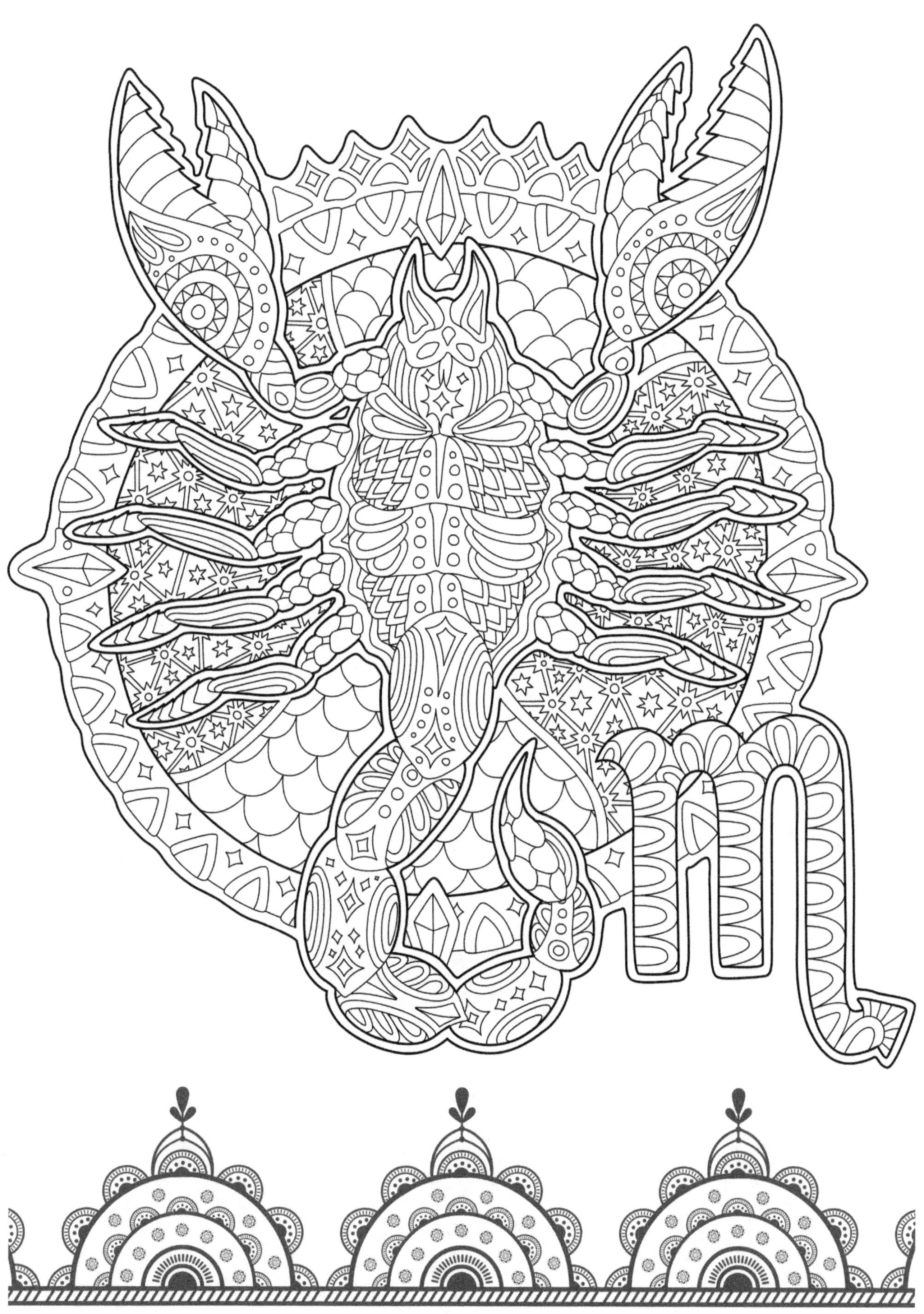

SAGITTARIUS

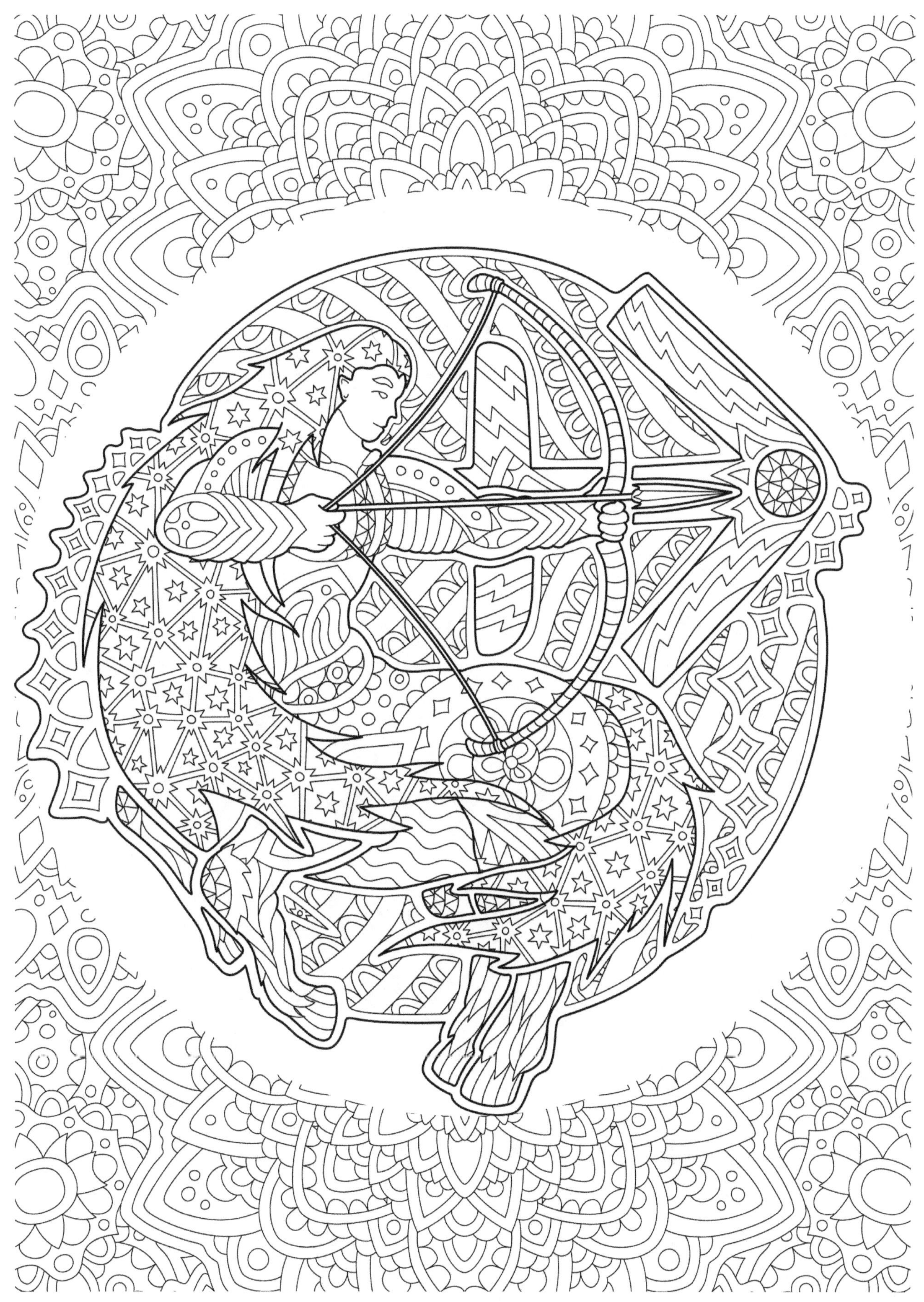

CAPRICORN

VIRGO

♓ pisces

ARIES

TAURUS

GEMINI

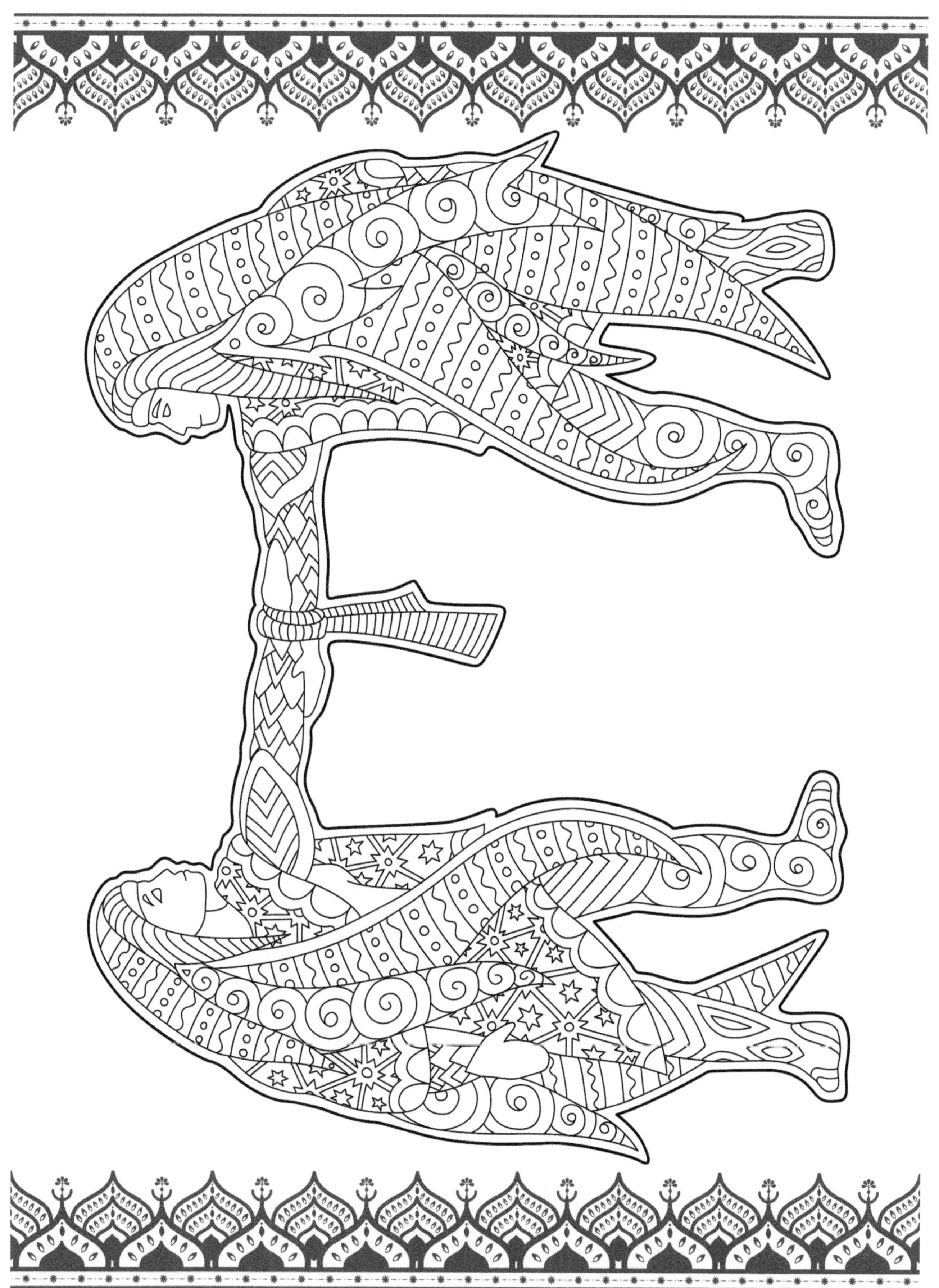

www.ingramcontent.com/pod-product-compliance
Lightning Source LLC
Chambersburg PA
CBHW081946160726
47999CB00008B/2539